MONSTERMÄSSIGE

MONSTER MÜTZEN

STRICKEN & HÄKELN

CREATISSIMO

EMF

EIN BUCH DER
EDITION MICHAEL FISCHER

VORWORT

„ICH MÖCHTE ABER EIN MONSTER!"

„ICH MAG WAS MIT ROSA, ABER GANZ LUSTIG!"

„ODER MIT ZÄHNEN UND HÖRNERN."

„UND MIT DREI AUGEN", „NEE, EIN AUSSERIRDISCHER WÄRE COOL"

So ungefähr klang der Wortlaut unserer Kinder, als die Idee zu unserem Monstermützen-Buch entstand. Viele Kinder haben witzige Vorschläge gemacht und wir haben gestrickt, gehäkelt, aber vor allem Spaß gehabt.

In diesem Buch finden Sie eine Auswahl unserer coolsten Monstermützen, leicht nachzustricken und mit Applikationen zu behäkeln, für Mädchen und für Jungs, für kleine Kinder und für nicht mehr ganz so kleine.

Haben Sie Spaß, trauen Sie sich Ihre eigenen Kreationen zu und teilen Sie sie mit uns auf Facebook unter **www.facebook/nadelyoga.de.**

HELGRID UND VERENA

GRUNDSÄTZLICHES VORWEG ...

GRÖSSE

Alle Modelle können in vier Größen gestrickt werden.

Angegeben sind die Größen nach Alter des Kindes: 1,5–3 Jahre, 4–6 Jahre, 7–9 Jahre, 10–12 Jahre.

Bitte beachten Sie, dass es hier individuelle Abweichungen geben kann. Jungen haben meist etwas größere Köpfe als Mädchen, daher für die Jungen bei Grenzgrößen eher die nächstgrößere Größe wählen.

Die Angaben in den Anleitungen für die verschiedenen Größen sind durch Schrägstriche getrennt. Steht nur eine Angabe, gilt diese für alle Größen.

SCHWIERIGKEITSGRAD

Den Schwierigkeitsgrad haben wir nach besten Wissen und Gewissen und unserer Erfahrung in **Anfänger, Fortgeschrittene und Könner** eingeteilt. Und hier gilt: Man wächst mit seinen Aufgaben!

WOLLE UND MASCHENPROBE

Wir haben die Qualität Boston (LL 55m/50g) von Schachenmayr original verwendet. Sie ist robust, wärmt gut, ist formstabil, für Kindermützen bestens geeignet und lässt sich unkompliziert verarbeiten.

Mit Nadel 7,0 mm ergibt sich bei glatt rechts eine Maschenprobe von 12 M und 18 R = 10 cm × 10 cm

Farben und Verbrauch finden Sie in den Anleitungen der einzelnen Modelle.

SONSTIGE MATERIALIEN

Für alle Mützen benötigen Sie:

Nadelspiel 5,0 mm

Nadelspiel 6,0 mm

Nadelspiel 7,0 mm

Häkelnadel 2,5 mm

Häkelnadel 4,5 mm

Und manchmal noch eine Sticknadel und Füllwatte.

Zusätzliches Material ist bei Bedarf jeweils bei den Mützen angegeben.

GRUNDMUSTER

GRUNDMUSTER I: GLATT RECHTS

In Runden: Alle Maschen rechts stricken

In Reihen: In Hinreihen alle Maschen rechts, in Rückreihen links stricken

GRUNDMUSTER II: KRAUS RECHTS

In Runden: Abwechselnd eine Runde rechte und eine runde linke Maschen stricken

In Reihen: In Hin- und Rückreihen alle Maschen rechts stricken

GRUNDMUSTER III: 2/2 RIPPE

2 Maschen rechts und 2 Maschen links im Wechsel stricken

GRUNDMUSTER IV: PERLMUSTER

Abwechselnd eine Masche rechts und eine Masche links stricken und in jeder Reihe versetzen

BÜNDCHENMUSTER: 1/1 RIPPE

1 Masche rechts und eine Masche links im Wechsel stricken

ABKÜRZUNGEN

ACH JA...

... denken Sie ans Fäden vernähen. Auch wenn es lästig ist.

abm	abmaschen	Nd	Nadel(n)
Abn/abn	Abnahme(n)/abnehmen	R	Reihe(n)
arb	arbeiten	Rd	Runde(n)
DStb	Doppelstäbchen	Stb	Stäbchen
fM	feste Masche(n)	str	stricken
Km	Kettmasche(n)	Wm	Wende-Luftmasche(n)
Lm	Luftmasche(n)	Zun/zun	Zunahme(n)/zunehmen
M	Masche(n)	zus	zusammen

DIE MÜTZEN-GRUNDFORMEN

1

ASTRONAUTEN- ODER SCHLUPFMÜTZE

Schwierigkeitsgrad Könner

Die Mütze wird auf einem Ndspiel gearbeitet. 56/58/60/62 M anschl, auf ein Ndspiel 5,0 mm verteilen und in Kontrastfarbe 1 R im Bündchenmuster str.

Rd-Start mit Sicherheitsnd oder Faden markieren.

Danach in Hauptfarbe 8 cm weiterarb. Anschließend wechseln zu Ndspiel 6,0 mm und weitere 3/4/4/5 cm im Bündchenmuster arb.

In 11/12/13/14 cm Gesamthöhe die mittleren 10/10/12/12 M stilllegen und weiter über 46/ 48/48/50 M in R arb.

In der folgenden Rückr verteilt 4/4/4/4 M zus str = 42/44/44/46 M im Grundmuster I glatt rechts in Reihen str.

In der folgenden Hinr wieder zu Ndspiel 7,0 mm wechseln.

In der 3. und 7. rechten R die 3. und 4. M überzogen zus stricken und die dritt- und viertletzte M rechts zus str und so nochmals 4 M abnehmen. Es ergeben sich 38/40/40/42 M auf der Nd.

In 15/16/17/18 cm ab Bündchen M einteilen wie folgt: 15 M Seitenteil, (diese werden nach und nach abgenommen), 8/10/10/12 M Oberkopfstreifen, und nochmals 15 M Seitenteil (diese werden nach und nach ebenfalls abgenommen).

Ab folgender Hinr in verkürzten R str:

1. bis 2. R: 15 M + 7/9/9/11 M rechts str, 2 M rechts zus str, Arbeit wenden, 7/9/9/11 M links str und 2 M links zus str, Arbeit wenden.

3. bis 4. R: 7/9/9/11 M rechts str, 2 M rechts zus str, Arbeit wenden, 7/9/9/11 M links str und 2 M links zus str, Arbeit wenden.

Die 3. und 4. R wdh bis lediglich die 8/10/10/12 M des Oberkopfstreifens übrig bleiben.

In Hauptfarbe an beiden Seiten des Gesichtsfeldes mit Nd 6,0mm jeweils 17/18/19/20 M heraus str, die stillgelegten M integrieren und über alle M rund um das Gesichtsfeld eine Rd im Bündchenmuster str. Nach zwei weiteren Rd in Kontrastfarbe alle M locker abketten.

2

MÜTZE MIT BÜNDCHEN

Schwierigkeitsgrad Anfänger

Die Mütze wird auf einem Ndspiel gearbeitet. 50/54/54/58 M anschl, auf ein Ndspiel 5,0 mm verteilen und 8/8/10/10 Rd im Grundmuster II kraus rechts str.

Danach weiter im Grundmuster I glatt rechts str. und nach zwei Rd zu Ndspiel 7,0 mm wechseln.

Rd-Start mit Sicherheitsnd oder Faden markieren.

In 15/16/17/18 cm Gesamthöhe mit der Abn für die Oberkopfrundung beginnen:

Jede 4. und 5. M rechts zus str, 1 R ohne Abn, jede 3. und 4. M rechts zus str, 1 R ohne Abn, jede 2. und 3. M rechts zus str, 1 R ohne Abn, jede 1. und 2. M rechts zus str.

Danach Faden abschneiden, durch alle M ziehen und fest zus ziehen. Den Faden nach innen ziehen und fest vernähen.

DIE MÜTZEN-GRUNDFORMEN

③

MÜTZE MIT PERLMUSTERRAND

Schwierigkeitsgrad Anfänger

Die Mütze wird auf einem Ndspiel gearbeitet. 50/52/54/56 M anschl, auf ein Ndspiel 5,0 mm verteilen und 3 Rd im Grundmuster IV im Perlmuster str.

Danach weiter im Grundmuster I glatt rechts str und nach zwei Rd zu Ndspiel 7,0 mm wechseln.

Rd-Start mit Sicherheitsnd oder Faden markieren.

In 15/16/17/18 cm Gesamthöhe mit der Abn für die Oberkopfrundung beginnen:

Jede 4. und 5. M rechts zus str, 1 R ohne Abn, jede 3. und 4. M rechts zus str, 1 R ohne Abn, jede 2. und 3. M rechts zus str, 1 R ohne Abn, jede 1. und 2. M rechts zus str.

Danach Faden abschneiden, durch alle M ziehen und fest zus ziehen. Den Faden nach innen ziehen und fest vernähen.

4

RIPPENMÜTZE

Schwierigkeitsgrad Anfänger

Die Mütze wird auf einem Ndspiel gearbeitet. 50/54/54/58 M anschl, auf ein Ndspiel 7,0 mm verteilen und 15/16/17/18 cm im Grundmuster III str.

Rd-Start mit Sicherheitsnd oder Faden markieren.

Die Abn für die Oberkopfrundung wie folgt arb:

1. Abn: Die M jeder 2. linken Rippe links zus str.

Eine Rd ohne Abn str.

2: Abn: Die M aller rechten Rippen rechts zus str

Eine Rd ohne Abn str.

3. Abn: Die M der linken Rippen, die noch aus 2 linken M bestehen links zus str.

Eine Rd ohne Abn str, die jetzt aus abwechselnd einer rechten und einer linken M besteht.

4. Abn: Immer 2 M rechts zus str.

Eine Rd ohne Abn str.

Danach Faden abschneiden, durch alle M ziehen und fest zus ziehen. Den Faden nach innen ziehen und fest vernähen.

BIG EYE BOB

MATERIAL

- Schachenmayr original Boston in Koralle, 100 g, Schwarz und Natur, je 50 g und Weinrot, Rest
- Nadelspiel 5,0 mm und 7,0 mm
- Häkelnadel 2,5 mm und 4,5 mm
- Stopfnadel
- Füllwatte

SCHWIERIGKEITSGRAD

Für Fortgeschrittene

GRUNDFORM

3 Mütze mit Perlmusterrand

ANLEITUNG

In Koralle eine Mütze nach der Grundform Mütze mit Perlmusterrand str.

HÖRNCHEN (2X HÄKELN)

1. Rd: In Schwarz mit Häkelnd 4,5 mm 12 Lm anschl und mit 1 Km zum Ring schließen.

2. Rd: 12 fM häkeln und mit 1 Km zur Rd schließen.

3. Rd bis zur Spitze: Die ersten 2 M zus häkeln, fM.

Die letzten Rd sehr eng häkeln, die letzten 3 M zus häkeln, abm.

Es entsteht ein Horn. Fäden vernähen. Hörner mit Füllwatte ausstopfen und oben links und rechts mit 5 cm Abstand mittig aufnähen.

AUGE

1. Rd: In Natur einen Lm-Ring aus 4 Lm und 1 Km häkeln.

2. Rd: Den Ring mit 7 fM umhäkeln.

3. Rd: In jede M 2 fM häkeln (=14 M).

4. Rd: fM, jede 2. M doppelt (= 21 M).

5. Rd: Jede 3. M verdoppeln (= 28 M).

6. Rd: Jede 4. M verdoppeln (= 35 M).

7. Rd: Jede 5. M verdoppeln (= 42 M), Km, abm.

8. Rd: In Schwarz jede 6 M verdoppeln (= 49 M), 1 Km, abm.

In Schwarz eine Pupille ins Auge sticken. Auge mittig unterhalb der Hörner aufnähen.

MUND

1. R: In Schwarz 25 Lm, 2 Wm.

2. R: fM (= 25M).

3. R: 5 Km, 3 fM, 9 Stb, 3 fM, 5 Km, abm.

ZUNGE

1. R: In Weinrot 5 Lm, 2 Wm.

2. R: 5 fM häkeln.

3. R: 1 Km, fM, 2 Stb in eine M, fM, 1 Km, abm.

Die Zunge mittig auf den Mund nähen, mit der geraden Kante unten.

ZÄHNE

2 Zähne unten und 2 oben links und rechts der Zunge auf den Mund häkeln.

Dazu einen Faden in Natur halbieren und mit Nd 2,5mm häkeln.

1. R: In Natur 3 fM nebeneinander in 3 M der Mundkante einhäkeln.

2. R: 3 fM.

3. R: 1 M überspringen, 2 fM.

4. R: 1 M überspringen,1 fM abm.

Zahnspitze mit dem Fadenende auf dem Mund festnähen.

Nun den ganzen Mund unter das Auge mittig auf die Mütze nähen.

QUABBEL

MATERIAL

- Schachenmayr original in Natur und Mittelgrau, je 50 g und Neongelb, Rest
- Nadelspiel 5,0 mm und 7,0 mm
- Häkelnadel 4,5 mm
- Stopfnadel

SCHWIERIGKEITSGRAD
Für Anfänger

GRUNDFORM
4
Rippenmütze

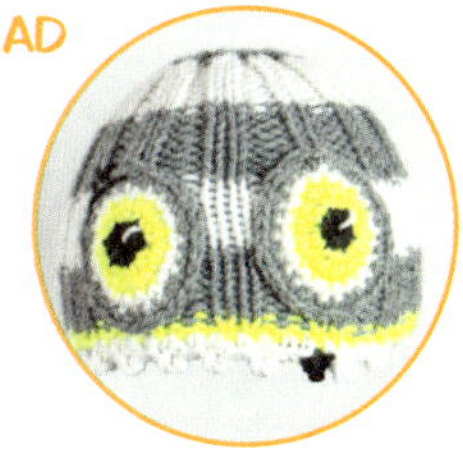

ANLEITUNG

Eine Mütze nach der Grundform Mütze mit Rippenbündchen str, 1 Rd Neongelb str, 8 R Mittelgrau meliert, 8 R Natur, 8 R Mittelgrau meliert, 8 R Natur, beenden in Mittelgrau meliert.

AUGEN (2X HÄKELN)

1. Rd: In Schwarz einen Lm-Ring aus 4 Lm und 1 Km häkeln.

2. Rd: Mit 6 fM umhäkeln, 1 Km, abm.

3. Rd: In Neongelb in jede M 2 fM arb (= 12 M).

4. Rd: fM, jede 2. M verdoppeln (= 18 M), 1 Km, abm.

5. Rd: In Natur fM, jede 3. M verdoppeln (= 24 M), 1 Km, abm.

6. Rd: In Mittelgrau-meliert fM, jede 4. M verdoppeln (= 30 M), 1 Km, abm.

In Natur mit einem Stich einen kleinen Reflex in die Pupille sticken. Die Augen vorne über dem Rand in Neongelb dicht aneinander auf die Mütze nähen.

In Schwarz mit 4 Stichen links über dem linken Auge Wimpern andeuten: 3 Stiche lang, einen quer darunter im Plattstich einsticken.

ZÄHNE

An den unteren Mützenrand unterhalb der Augen in Natur 9 Mäusezähnchen, eines davon in Schwarz, einhäkeln und wie folgt arbeiten:

* fM, 3 Lm, 1fM in die 1. Lm *, ab * 7x wiederholen.

Der 6. Zahn kann in Schwarz eingehäkelt werden. Dafür den Natur-Faden liegen lassen, mit Schwarz einen Mäusezahn häkeln und dann den Natur-Faden wieder aufnehmen, abm.

TIPP:
Beim Aufhäkeln der Augen sollte man die Mütze etwas auseinanderziehen, damit beim Tragen der Mütze die Augen auch richtig gut sitzen!

SCHNAPPZARAPP

MATERIAL

- Schachenmayr original Boston in Rosa, 100 g und Natur, Pink und Jade, Reste
- Nadelspiel 5,0 mm und 7,0 mm
- Häkelnadel 4,5 mm
- Füllwatte

SCHWIERIGKEITSGRAD
Für Anfänger

GRUNDFORM
3
Mütze mit Perlmusterrand

ANLEITUNG

Eine Mütze nach der Grundform Mütze mit Perlmusterrand in Rosa str.

HÖRNER (2X HÄKELN)

1. Rd: In Rosa 12 Lm mit 1 Km zum Kreis verbinden.

2. Rd: 12 fM, 1 Km.

3. Rd bis zur Spitze: Die 1. 2 M zus häkeln, fM.

Die letzten Rd sehr eng häkeln, die letzten 3 M zus häkeln, abm.

Es entsteht ein Horn. Hörner mit Füllwatte stopfen und oben mittig nebeneinander aufnähen.

Um ein Horn in Pink eine Schleife binden.

MUND

In Jade meliert eine Lm-Kette aus 40 Lm häkeln und im Zickzack auf das untere Drittel der Mütze nähen.

ZUNGE

1. R: In Pink 5 fM mittig unter den Mund in 5 M der Mütze einhäkeln.

2. R: 5 fM.

3. R: 1 M überspringen, 4 fM.

4. R: 4 fM.

5. R: 1 M überspringen, 3 fM.

6. R: 3 fM.

7. R: 1. M überspringen, 2 fM.

8. R: 2 fM.

9. R: 1 M überspringen, 1 fM, abm.

AUGE (2X HÄKELN)

1. Rd: In Jade meliert einen Lm-Ring aus 4 Lm und 1 Km häkeln.

2. Rd: Mit 7 fM umhäkeln, 1 Km, abm.

3. Rd: In Natur in jede M 2 fM (= 14 M).

4. Rd: fM, jede 2. M verdoppeln (= 21 M), 1 Km, abm.

Augen mit wenig Abstand voneinander über dem Mund aufnähen.

PEPPERMINT PAULA

MATERIAL

- Schachenmayr original Boston (LL 55 m/50 g) in Mint, 100 g und Brilliantweiss, Schwarz, Rosa, Neonpink, Mittelgrau meliert, Aqua, Schoko, Lavendel, Reste
- Nadelspiel 5,0 mm und 7,0 mm
- Häkelnadel 2,5 mm
- Stopfnadel
- Füllwatte

SCHWIERIGKEITSGRAD

Für Anfänger

GRUNDFORM

Mütze mit Rippenbünchen

ANLEITUNG

In Mint eine Mütze nach der Grundform Mütze mit Perlmusterrand str, jedoch die komplette Mütze im Perlmuster str anstatt weiter glatt rechts zu str.

Bei den Abn für die Oberkopfrundung darauf achten, dass nicht wie angegeben immer 2 M zus gestrickt werden, sondern immer 3 M, damit das Perlmuster weiterhin in Verlauf fortgesetzt werden kann.

1. Abn: Jede 8., 9. und 10. M zus str.

2. Abn: Jede 6.,7. und 8. M zus str.

3. Abn: Jede 4., 5. und 6. M zus str.

4. Abn: Jede 1., 2. und 3. M zus str.

AUGEN VORDERSEITEN (6X IN VERSCHIEDENEN FARBEN)

Die 3. Rd wird jeweils verschiedenen Farben gehäkelt.

1. Rd: Lm-Ring in Brilliantweiss aus 4 Lm arb und mit 1 Km schliessen.

2. Rd: Mit 6 fM umhäkeln, 1 Km, abm

3. Rd: In Rosa / Neon Pink / Mittelgrau meliert / Aqua / Schoko / Lavendel in jede M 2 fM (= 12 M), 1 Km, abm.

4. Rd: In Mint fM arb, Faden stilllegen.

Die anderen Fäden vernähen oder verknoten.

In Schwarz eine kleine Pupille mittig einknoten oder sticken.

AUGEN RÜCKSEITEN (6X IN MINT)

1. Rd: In Mint einen Lm-Ring aus 4 Lm arb und mit 1 Km schliessen.

2. Rd: Den Ring mit 6 fM umhäkeln.

3. Rd: In jede M 2 fM. (=12 M)

4. Rd: fM, 1 Km, abm.

Nun Augenrück- und Vorderseite rechts auf rechts aufeinanderlegen und rundherum mit dem stillgelegtem Faden der Vorderseite in fM zus häkeln. Letzte M aussparen. Nun 6 M in das verbleibende Loch häkeln. Weitere 3 Rd mit je 6 M häkeln, 1 Km, abm. Faden lang abschneiden.

Mit etwas Füllwatte ausstopfen.

Die 6 Augen oben versetzt auf die Mütze nähen.

Pupille mittig ins Auge knoten oder sticken.

MUND

Mit 24 fM in Neon Pink einen lachenden Mund in die Mütze einhäkeln.

ZÄHNE (3X IN BRILLIANTWEISS)

In Brilliantweiss 3 Zähne unterhalb des Mundes über je 2 M Neon Pink einhäkeln.

Einen brillantweißen Faden halbieren und mit Nd 2,5mm wie folgt häkeln:

1. R: 4 fM auf der Unterseite des Mundes iauf den Mund häkeln.

2. R: 4 fM.

3. R: 1 M überspringen, 3 fM.

4. R: 1 M überspringen, 2 fM.

5. R: 1 M überspringen, 1 fM,abm.

Einen der Zähne mit jeweils 1 M weniger häkeln, sodass ein Mini-Zahn entsteht.

BOBBY MANYEYES

MATERIAL

- Schachenmayr original Boston in Quitte,100 g, Graphit, 50 g und Schwarz, Rest
- Nadelspiel 7,0 mm
- Häkelnadel 4,5 mm
- Stopfnadel

SCHWIERIGKEITSGRAD
Für Fortgeschrittene

GRUNDFORM
Rippenmütze

ANLEITUNG

Eine Mütze nach der Grundform Rippenmütze in Quitte str.

SATELLITENSCHÜSSEL

1. Rd: In Quitte oben mittig 9 fM in die Mütze rund einhäkeln, ein Kreis entsteht.

2. Rd: fM häkeln.

3. Rd: Jede 3. M zus häkeln. (= 6M)

4. Rd: fM, Faden liegenlassen. Farbwechsel zu Graphit.

5. Rd: In Graphit jede M verdoppeln. (= 12M)

6. Rd: Jede M verdoppeln. (= 24M)

7. Rd: Jede 3. M verdoppeln. (= 32M)

8. Rd: fM, abm.

Den Faden in Quitte wieder aufnehmen.

9 Rd: 6 fM der letzten gelben Rd wieder einhäkeln.

10.–12 Rd: Jede 2. M zus häkeln, bis eine Spitze entsteht, abm.

Fäden vernähen.

Es ist eine Spitze in Quitte mit einer graphitfarbenen „Scheibe" entstanden, die sich leicht wellen sollte.

Bei Bedarf in Form bügeln!

AUGEN (7X IN QUITTE)

1 Rd: In Quitte einen Lm-Ring aus 4 Lm und 1 Km häkeln.

2 Rd: Mit 7 fM umhäkeln, 1 Km, abm. Farbwechsel zu Graphit.

3 Rd: In Graphit in jede M 2 fM häkeln (= 14M), 1 Km, abm.

PUPILLEN (7X IN SCHWARZ)

12 cm oberhalb des unteren Randes der Mütze gleichmäßig verteilt wie folgt einhäkeln:

In Schwarz 1 fM in 1 M der Mütze einhäkeln, 4 Lm, nun wieder 1 fM direkt unterhalb der 1. M einhäkeln, abm.

Nun werden die Augen durch die Lm gezogen und mit Schwarz hinten so angenäht, dass sie nur mittig mit der Pupille verbunden sind. Ansonsten stehen die Augen ab. Das Ende der schwarzen Lm-Kette ist nun als Pupille von vorne sichtbar.

DRAGONIUS ZACKOWSKI

MATERIAL

- Schachenmayr original Boston in Graphit, 100 g, Flaschengrün, 50 g, Brilliantweiß und Schwarz, Reste
- Nadelspiel 5,0 mm, 6,0 mm und 7,0 mm
- Häkelnadel 4,5 mm
- Stopfnadel

SCHWIERIGKEITSGRAD
Für Könner

GRUNDFORM
Astronautenmütze

ANLEITUNG

Eine Mütze nach der Grundform Astronautenmütze in Graphit mit Flaschengrün als Kontrastfarbe str.

WELLIGER KAMM

1. R: In die Scheitellinie der Mütze in Flaschengrün fM einhäkeln. Vorne oben mittig beginnen und in jede gestrickte M 1 fM häkeln. Enden in der unteren hinteren Mitte am Übergang zum Rippenmuster. Darauf achten, dass die M-Zahl durch 7 teilbar ist, evtl. etwas früher enden.

2. R: Zurückhäkeln: * 1 fM, 1 Stb, 1 DStb, 1 Lm, 1 3 fach-Stb, 1 Lm, 1 DStb, 1 Stb, 1 fM *, ab * stets wdh, abm.

AUGEN (2X IN BRILLIANTWEISS)

1. R: In Brillantweiss 10 Lm und 2 Wm anschl.

2. R: 3 fM, 3 Stb, 2 DStb, Stb, fM.

Nun in Rd weiterhäkeln.

3. Rd: fM, in die letzte M 2 weitere M häkeln, an der unteren Kante fM zurückhäkeln, in die letzte M 2 M häkeln, abm.

4. Rd: Auge in Schwarz mit fM umhäkeln, dabei an den schmalen Seiten die M doppelt häkeln, sodass sich die Augenpartie nicht zu sehr wellt, abm.

In dem breiten Bereich der Augenpartie mit Schwarz ein Auge einsticken.

Mit Schwarz die Augen links und rechts seitlich an die Mütze nähen.

ZÄHNE (10X IN WEISS)

In Brilliantweiß 10 Mäusezähnchen an den oberen Rand in die Anschlagskante des Bündchens häkeln. Beginnend ca. 5 M links der Mitte

* 1 fM, 3 Lm, 1 fM in die 1. Lm *, ab * noch 9x wdh, abm.

MI & MO

MATERIAL (VARIANTE BLAU MULTI)

- Schachenmayr original Boston in Mittelgrau meliert, 50 g/50 g/100 g/100 g, Mosaikblau, Malachit und Aqua, je 50 g und Brilliantweiß und Schwarz, Reste
- Nadelspiel 7,0 mm
- Häkelnadel 4,5 mm
- Füllwatte
- Stopfnadel

MATERIAL (VARIANTE PINK MULTI)

- Schachenmayr original Boston in Mittelgrau meliert, 50 g/50 g/100 g/100 g, Pink, Rosa und Lavendel, je 50 g und Brilliantweiß und Schwarz, Reste
- Nadelspiel 7,0 mm
- Häkelnadel 4,5 mm
- Füllwatte
- Stopfnadel

SCHWIERIGKEITSGRAD

Für Anfänger

GRUNDFORM

Rippenmütze

ANLEITUNG

Eine Mütze nach der Grundform Rippenmütze str, dabei für die Variante Blau Multi die M in Malachit anschl und eine weitere Rd in Malachit str, 2 Rd in Mosaikblau und 2 Rd in Aqua str. Weiter in Mittelgrau meliert str.

Für die Variante Pink Multi die M in Pink anschl und eine weitere Rd in Pink str, 2 Rd in Rosa und 2 Rd in Lavendel str. Weiter in Mittelgrau meliert str.

HÖRNER (3X IN VERSCHIEDENEN FARBEN UND 3 VERSCHIEDENEN GRÖSSEN)

3 Hörner häkeln, je nach Modell 1x in Malachit, 1x in Mosaikbla und 1x in Aqua oder 1x in Pink, 1x in Rosa und 1x in Lavendel häkeln.

1. Rd: 10 Lm (1. Horn) / 9 Lm (2. Horn) / 8 Lm (3. Horn) mit 1 Km zu einem Ring schließen.

2.–3. Rd: fM häkeln.

4. Rd bis Spitze: fM, dabei in jeder Rd versetzt 2 M zus häkeln, abm und Faden nach innen ziehen.

Die Hörner mit Füllwatte füllen und nebeneinander mittig oben auf die Mütze nähen.

AUGE

Für jedes Modell 1 Auge häkeln.

1. Rd: In Schwarz einen Lm-Ring aus 4 Lm anschl und mit 1 Km zum Ring schließen.

2. Rd: Mit 6 fM umhäkeln, 1 Km, abm.

3. Rd: In Mosaikblau/Pink in jede M 2 fM (= 12 M), 1 Km, abm.

4. Rd: In Brilliantweiß fM, jede 2. M verdoppeln (= 18 M), 1 Km, abm.

In Brilliantweiß mit 2 Stichen einen kleinen Reflex ins Auge sticken.

Auge weit oben mittig auf die Mütze nähen.

TIPP: Beim Aufhäkeln der Augen sollte man die Mütze etwas auseinanderziehen, damit beim Tragen der Mütze die Augen auch richtig gut sitzen!

JOHNNY SCHRECK

MATERIAL

- Schachenmayr original Boston in Aqua, 100 g, Graphit und Mint, je 50 g und Natur und Flaschengrün, Reste
- Nadelspiel 5,0 mm, 6,0 mm und 7,0 mm
- Häkelnadel 4,5 mm
- Stopfnadel
- Füllwatte

SCHWIERIGKEITSGRAD
Für Könner

GRUNDFORM
(1) Astronautenmütze

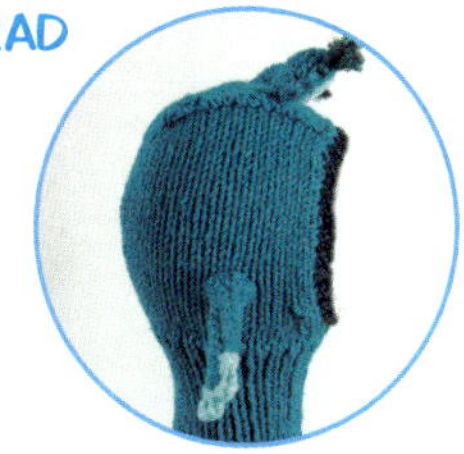

ANLEITUNG

Eine Mütze nach der Grundform Astronautenmütze in Aqua mit Graphit als Kontrastfarbe str.

AUGEN VORDERSEITEN (2X HÄKELN)

1. Rd: In Natur einen Lm-Ring aus 4 Lm arb und mit 1 Km zum Ring schließen.

2. Rd: Den Ring mit 6 fM umhäkeln, 1 Km, abm. Farbwechsel zu Mint.

3. Rd: In Mint in jede M 2 fM (= 12 M), 1 Km, abm. Farbwechsel zu Aqua.

4. Rd: In Aqua fM häkeln, Faden stilllegen.

In Graphit eine kleine Pupille mittig einknoten oder sticken.

AUGEN RÜCKSEITEN (2X IN AQUA)

1. Rd: In Aqua einen Lm-Ring aus 4 Lm arb und mit 1 Km zum Ring schließen.

2. Rd: Den Ring mit 6 fM umhäkeln.

3. Rd: In jede M 2 fM häkeln (= 12 M).

4. Rd: 12 fM, 1 Km, abm.

Nun Augenrück- und Vorderseite rechts auf rechts aufeinanderlegen und rundherum mit stillgelegtem Faden der Vorderseite in fM zus häkeln, letzte M aussparen. 6 M in das verbleibende Loch hereinhäkeln. Eine weitere Rd mit je 6 M häkeln, 1 Km, abm. Faden lang abschneiden.

Mit Füllwatte ausstopfen.

Als Wimpern in 4 M der oberen Augenkanten je einen Faden in Graphit und Flaschengrün einknüpfen, verknoten und auf 2 cm zuschneiden.

Die Augen oben 7 cm vom vorderen Rand, im Abstand von etwa 6 cm auf die Mütze nahen.

ZÄHNE (5X BZW. 6X HÄKELN)

In Natur oben 5, unten 6 Mäusezähnchen in die Anschlagskante des oberen Bündchens von innen wie folgt einhäkeln:

* 1 fM, 3 Lm, 1 fM in die 1. Lm, 1 fM in nächste M * oben mit 4, unten mit 5 weiteren M des oberen Bündchens wdh, abm.

ARME (2X HÄKELN)

1. Rd: In Aqua einen Lm-Ring aus 4 Lm arb und mit 1 Km zum Ring schließen.

2. Rd: Mit 6 fM umhäkeln.

3.–10. Rd: fM häkeln.

11 Rd: In jede M 2 fM (= 12 M), abm, Faden lang abschneiden.

Oberen Faden vernähen und Arme mit wenig Füllwatte füllen.

Für die Finger in Mint je 5 Mäusezähnchen in das geschlossene Ende der Arme in einem Bogen aufhäkeln. Dabei seitlich in die oberen 2 M 2 Zähnchen einhäkeln, dann oben einen und auf der anderen Seite wieder 2 Zähnchen wie folgt häkeln:

* fM, 3 Lm, 1 fM in die 1. Lm *, ab * noch 4x wdh.

Im Gegensatz zu den Zähnen wird hier ohne fM zwischen den Mäusezähnchen gearbeitet!

Nun die Arme auf Ohrenhöhe mit den 12 fM der letzten Arm-Rd an die Mütze nähen.

ZOPP ZYKLOP

MATERIAL

- Schachenmayr original in Royal, 100 g, Natur, 50 g, Schwarz und Neongelb, Reste
- Nadelspiel 5,0 mm und 7,0 mm
- Häkelnadel 4,5 mm
- Füllwatte
- Stopfnadel

SCHWIERIGKEITSGRAD
Für Anfänger

GRUNDFORM
3 Mütze mit Perlmusterrand

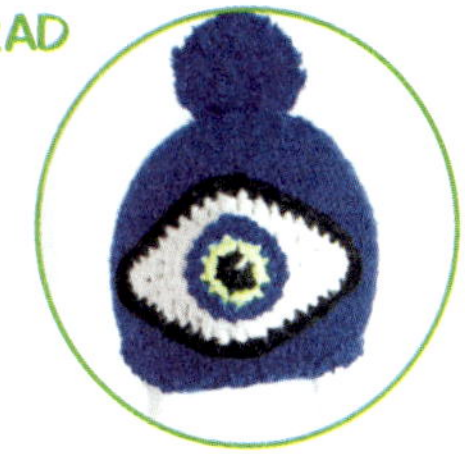

ANLEITUNG

In Royal eine Mütze nach der Grundform Mütze mit Perlmusterrand str.

AUGENPARTIE

1. R: In Natur 15 Lm und 2 Wm häkeln.

2. R: 15 M zurück: (5 fM, 5 Stb, 5 fM), dann 1 fM zusätzlich in die letzte Lm und auf der anderen Seite gegengleich zurückhäkeln: 5 fM, 5 Stb ,5 fM, dann 2 fM zusätzlich in die letzte Lm.

3. R: 2 Km, 1 fM, 3 Stb, 1 DStb, 3 DStb in 1 fM, 1 DStb, 3 Stb, 1 fM, 2 Km, dann 3 fM ans Ende, gegengleich zurückhäkeln: 2 Km, 1 fM, 3Stb, 1 DStb, 3 DStb in 1 fM, 1 DStb, 3 Stb, 1 fM, 2 Km, abm.

4. R: In Schwarz mit fM umhäkeln, dabei an den Rändern und in der Mitte eine M doppelt häkeln, (= 4 M zusätzlich) damit sich das Auge nicht wellt, abm.

AUGE

1. Rd: In Schwarz Lm-Ring aus 4 Lm und 1 Km arb.

2. Rd: Mit 6 fM umhäkeln, 1 Km, abm.

3. Rd: In Neongelb in jede M 2 fM (= 12 M), 1 Km, abm.

4. Rd: In Royal jede zweite M verdoppeln (= 18 M).

5. Rd: fM (nicht verdoppeln, jetzt nimmt das Auge Form an), abm.

6. Rd: In Natur fM arb, abm, Faden lang abschneiden.

In Natur noch einen kleinen Reflex in die Pupille einsticken.

Das Auge mit etwas Füllwatte füllen und mittig auf die Augenpartie nähen.

Das gesamte Auge mit Schwarz mittig auf die Mütze nähen.

BOMMEL

1 Bommel in Royal Ø 80 mm fertigen und oben annähen.

ZÄHNE (2X IN NATUR)

1. Rd: In Natur seitlich links und rechts je 4 fM in 2 M des Mützenrandes einhäkeln.

2. Rd: 4 fM.

3. Rd: 1 M überspringen, 3 fM.

4. Rd: 1 M überspringen, 2 fM.

5. Rd: 1 M überspringen, 1 fM, abm.

NOSY ROSY

MATERIAL

- Schachenmayr original Boston in Aubergine und Mittelgrau meliert, je 50g und in Lavendel, Natur und Schwarz, Reste
- Nadelspiel 5,0 mm und 7,0 mm
- Häkelnadel 4,5 mm
- Füllwatte
- Stopfnadel

SCHWIERIGKEITSGRAD

Für Fortgeschrittene

GRUNDFORM

2

Mütze mit Bündchen

ANLEITUNG

Eine Mütze mit Bündchen in Aubergine und Mittelgrau meliert anfertigen. Dabei das Bündchen in Aubergine arb, danach weiter im Streifenmuster, abwechselnd eine R Aubergine und eine R Mittelgrau meliert str. Mit Aubergine enden.

AUGEN (2X IN VERSCHIEDENEN FARBEN)

1. Rd: In Schwarz einen Lm-Ring aus 4 Lm arb und mit 1 Km zur Rd schließen.

2. Rd: Den Ring mit 6 fM umhäkeln, 1 Km, abm.

3. Rd: In Lavendel in jede M 2 fM (= 12M), 1 Km, abm.

4. Rd: In Natur fM, jede 2. M verdoppeln (= 18M), 1 Km, abm.

5.–6. Rd: In Aubergine 18 fM, 1 Km, abm.

7. Rd: In Mittelgrau meliert 6 Mäusezähnchen über 12 M der Rd häkeln : * fM, 3 Lm, fM in die 1. der Lm, fM in die nächste M *, ab * noch 5x wdh, abm.

In jedes Auge etwas Füllwatte geben.

Alle Fäden vernähen, die beiden Augen auf das Bündchen dicht beieinander auf die Mütze aufnähen. Die Mütze dafür etwas auseinanderziehen.

NASE

1. Rd: In Lavendel einen Lm-Ring aus 4 Lm anfertigen und mit 1 Km zur Rd schließen.

2. Rd: Den Ring mit 6 fM umhäkeln.

3.–5. Rd: fM, 1 Km, abm.

In Natur mit 2 Stichen kleine Nasenlöcher einsticken.

Mit Füllwatte füllen und mittig zwischen die Augen auf das Bündchen nähen.

HÖRNCHEN (2X IN AUBERGINE)

1. Rd: In Aubergine Lm-Ring aus 4 Lm und Km

2. Rd: mit 7 fM umhäkeln

3-8 Rd: fM, Km, abm.

Mit Füllwatte füllen und beidseitig ca. 6 cm von der Mitte entfernt an die Mütze nähen.

OHREN (2X IN MITTELGRAU MELIERT)

Die Ohren zwischen Hörnchen und Mitte links und rechts in eine mittelgrau melierte R einhäkeln.

1. R: In Mittelgrau meliert 6 fM einhäkeln.

2. R: 1 M überspringen, 5 fM zurück

3. R: 4 fM zurück (erste M überspringen)

4. R: 3 fM zurück (erste M überspringen)

5. R: 2 fM zurück (erste M überspringen)

6. R: 1 fM zurück (erste M überspringen), abm, Faden vernähen.

HAARE

In Lavendel zwischen Ohr und Hörnchen je einen doppelten Faden durch eine M der Mütze knüpfen, auf 2 cm abschneiden.

MOONY MIKE

MATERIAL

- Schachenmayr original Boston in Schwarz, 100 g und Brilliantweiß, Rest
- Nadelspiel 5,0 mm und 7,0 mm
- Häkelnadel 4,5 mm
- Stopfnadel
- Füllwatte

SCHWIERIGKEITSGRAD

Für Fortgeschrittene

GRUNDFORM

2

Mütze mit Bündchen

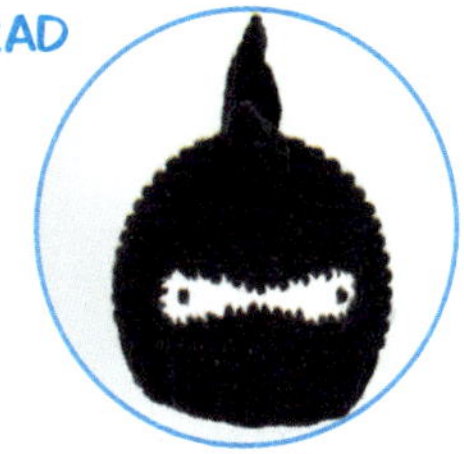

ANLEITUNG

Eine Mütze mit Bündchen in Schwarz anfertigen.

AUGENPARTIE

Bei der Augenpartie zunächst den weißen Untergrund häkeln, dann mit Schwarz umhäkeln und als letztes die Augen einsticken.

1. R: In Brilliantweiß 5 Lm und 2 Wm häkeln.

2.–3. R: 5 fM häkeln.

4. R: 1 M überspringen, 4 fM häkeln.

5. R: 4 fM häkeln.

6. R: 1 M überspringen, 3 fM häkeln.

7. R: 3 fM häkeln.

8. R: 3 fM häkeln.

9. R: 2 fM häkeln.

10. R: 1 M überspringen, 2 fM häkeln.

11. R: 2 fM häkeln, 1 Lm, 1 Wm.

12. R: 3 fM häkeln.

13.–14. R: 3 fM häkeln.

15. R: 3 fM, 1 Lm, 1 Wm.

16. R: 4 fM häkeln.

17. R: 4 fM, 1 Lm, 1 Wm.

18. R: 5 fM häkeln.

Mit Schwarz die Augenpartie in fM einmal umhäkeln, dabei an den 4 Ecken je 3 fM in 1 M häkeln.

PUPILLEN

Zwischen der 3. und der drittletzten R der Augenpartie 2x in Schwarz mit 3 Stichen etwa 1 cm große Pupillen aufsticken.

Die Augenpartie in Schwarz vorne eine R oberhalb des Bündchens auf die Mütze aufnähen.

STACHELN (5X IN SCHWARZ)

Die Stacheln in Schwarz 5x häkeln.

1. Rd: In Schwarz 10 Lm arb und mit 1 Km zu einem Ring schließen.

2.–3. Rd: fM häkeln.

4.–12. Rd: fM, dabei in jeder Rd versetzt 2 M zus häkeln.

Es entsteht eine Spitze. Abm, Faden nach innen ziehen.

Stacheln mit Füllwatte füllen und in einer R mittig hintereinander mit Schwarz auf die Mütze nähen.

TIPP:
Lässt man zu Beginn einen Faden von etwa 30 cm stehen, so kann man diesen hinterher zum Annähen verwenden.

TRULLA TROMMEL

MATERIAL

- Schachenmayr original Boston in Weinrot, 100 g, Kardinal, 50 g, Kürbis, Jade meliert, Natur und Schwarz, Reste
- Nadelspiel 5,0 mm, 6,0 mm und 7,0 mm
- Häkelnadel 4,5 mm und 2,5 mm
- Stopfnadel
- Füllwatte

SCHWIERIGKEITSGRAD

Für Könner

① GRUNDFORM

Astronautenmütze

ANLEITUNG

Eine Mütze nach der Grundform Astronautenmütze in Weinrot mit Kardinal als Kontrastfarbe str.

EINFARBIGES HORN

1. Rd: Mit Häkelnd 4,5 mm in Weinrot 16 Lm arb und mit 1 Km zum Kreis schließen.

2. Rd: 16 fM häkeln.

3.–7. Rd: Die 1. 2 M zus häkeln, fM.

8.–9. Rd: 11 fM häkeln.

10.–17. Rd: Die 1. 2 M zus häkeln, fM.

Die letzten Rd sehr eng häkeln, die letzten 3 M zus häkeln, abm.

HORN MIT STREIFEN

Bis zur einschließlich 7. Rd wie das einfarbige Horn häkeln, dann wie folgt weiterhäkeln:

Nach 7. Rd Faden liegen lassen. Farbwechsel zu Kardinal.

8. Rd: In Kardinal 11 fM häkeln. Farbwechsel zu Jade meliert.

9. Rd: In Jade meliert 11 fM häkeln. Farbwechsel zu Kürbis.

10. Rd: In Kürbis die 1. 2 M zus häkeln, fM. Farbwechsel zu Weinrot.

11.–17. Rd: Die 1. 2 M zus häkeln, fM.

Die letzten Rd sehr eng häkeln, die letzten 3 M zusammenhäkeln, abm.

Hörner mit Füllwatte ausstopfen und oben weit hinten auf die Mütze nähen.

AUGEN

Hier abweichend mit Häkelnadel 2,5 mm arbeiten.

Für Rd 1-4 Faden in Natur und Schwarz halbieren oder vergleichbare, dünnere Wolle verwenden.

GRÜN-WEISSES AUGE

1. Rd: In Schwarz 1 Lm-Ring aus 5 Lm arb und mit 1 Km zum Ring schließen.

2. Rd: Mit 10 fM umhäkeln, 1 Km, abm.

3. Rd: In Natur jede M verdoppeln, fM (= 20 M).

4. Rd: Locker häkeln: fM, jede 2. M verdoppeln (= 26 M), 1 Km, abm.

5. Rd: In Jade meliert mit Häkelnd 4,5 mm mit Mäusezähnchen wie folgt umhäkeln:

* fM, 3 Lm, fM in die 1. der Lm, fM in nächste M * wiederholen bis Rd-Ende, 1 Km, abm.

KÜRBIS-WEISSES AUGE

Die Rd 1-3 wie beim grün-weißen Auge häkeln.

4 Rd: Locker häkeln, 1 fM, 2 Stb,1 Stb, 2 Stb. Weiter fM arb, dabei jede 2. M verdoppeln (= 26 M), abm.

5.–6. Rd: In Kürbis mit Häkelnd 4,5 mm in fM umhäkeln: Bei Bedarf in Rd 5 jede 3., in Rd 6 jede 4. M verdoppeln, falls sich das Ergebnis wellt. 1 Km, abm.

Die Augen vor die Hörner versetzt auf die Mütze nähen. Das Auge in Kürbis sitzt dabei etwas weiter hinten.

ZÄHNE

In die Anschlagskante des Bündchens mittig am oberen Rand in Natur 3 Mäusezähnchen wie folgt einhäkeln:

* fM, 3 Lm, 1 fM in die 1. Lm *, mit 2 weiteren M wdh, abm.

ROBO JOE

MATERIAL

- Schachenmayr original Boston in Mosaikblau, 100 g und Anthrazit meliert und Mittelgrau meliert, Reste
- 2 Knöpfe in Würfelform, Ø 10 mm
- Nadelspiel 5,0 mm und 7,0 mm
- Häkelnadel 4,5 mm
- Stopfnadel

SCHWIERIGKEITSGRAD

Für Anfänger

GRUNDFORM

Mütze mit Bündchen

ANLEITUNG

Eine Mütze nach der Grundform Mütze mit Bündchen in Mosaikblau str.

AUGENPARTIE

1. R: In Mosaikblau 11 Lm und 2 Wm häkeln.

2.–4. R: fM, abm. Nun in Rd weiterhäkeln.

5. Rd: In Mittelgrau-meliert umhäkeln, dabei an den Ecken je 3 fM in 1 M, 1 Km, abm.

6. Rd: In Anthrazit-meliert umhäkeln, dabei an den Ecken je 3 fM in 1 M, 1 Km, abm.

Augenpartie vorne mittig 3 cm oberhalb des Bündchens auf die Mütze nähen.

AUGEN

Die Knöpfe als Augen seitlich auf die Augenpartie aufnähen.

OHREN (2X IN ANTHRAZIT MELIERT)

Links und rechts seitlich der Mütze in Anthrazit meliert je 1 fM einhäkeln, 18 Lm, 2 Wm, fM zurück häkeln, abm.

MUND

In Anthrazit-meliert mit 2 Stichen einen kleinen Mund unterhalb der Augenpartie einsticken.

SATELLITENSCHÜSSEL

1. Rd: In Mosaikblau oben mittig 7 fM in die Mütze rund einhäkeln, ein Kreis entsteht.

2. Rd: fM häkeln.

3. Rd: fM häkeln, die 1. und 4. M zus häkeln (= 5 M).

4. Rd: fM häkeln, abm. Farbwechsel zu Mittelgrau meliert.

5. Rd: In Mittelgrau meliert jede M verdoppeln (= 10 M).

6. Rd: Jede 2. M verdoppeln (= 15 M).

7. Rd: Jede 4. M verdoppeln (= 20 M), abm.

TIPP:
Die Satellitenschüssel eng häkeln! So wölbt sich die letzte Runde etwas nach unten.

CRAZY EYES

MATERIAL

- Schachenmayr original Boston in Hellgrau meliert und Neonpink, je 50 g, Feuer, Brilliantweiß und Schwarz, Reste
- Nadelspiel 5,0 mm und 7,0 mm
- Häkelnadel 4,5 mm
- Stopfnadel
- Füllwatte

SCHWIERIGKEITSGRAD

Für Anfänger

GRUNDFORM

Mütze mit Bündchen

ANLEITUNG

Eine Mütze nach der Grundform Mütze mit Bündchen in Hellgrau meliert str und ab der 1. Abnahme-R in Neonpink fortsetzen.

AUGEN (2X HÄKELN)

1. Rd: In Neonpink 1 Lm-Ring aus 4 Lm arb und mit 1 Km schließen.

2. Rd: Mit 6 fM umhäkeln, 1 Km, abm. Farbwechsel zu Brilliantweiß.

3. Rd: In Brilliantweiß in jede M 2 fM (= 12 M), 1 Km, abm. Farbwechsel zu Feuer.

4. Rd: In Feuer fM häkeln, 1 Km, abm.

5.–6. Rd: In Hellgrau meliert fM, die 6. Rd eng häkeln, abm.

Augen mit Füllwatte füllen und mit Hellgrau meliert mittig versetzt auf die Mütze nähen.

MUND

Einen Faden in Feuer in lächelnder Form auf die Mütze unterhalb der Augen legen.

Diesen mit Neonpink umsticken.

HAARE (2X IN NEONPINK)

Oben in der Mitte der Mütze in Neonpink
* fM einhäkeln, 18 Lm, 2 Wm, fM zurückhäkeln *,
ab * noch 2x wdh.

TIPP: Die Haare können natürlich auch unterschiedlich lang sein! Einfach mit unterschiedlich langen Lm-Ketten beginnen

FREDDY FEUERGLUPSCHER

MATERIAL

- Schachenmayr original Boston in Neonorange, 100 g, Mosaikblau, Brilliantweiß und Schwarz, Reste
- Nadelspiel 5,0 mm und 7,0 mm
- Häkelnadel 4,5 mm
- Stopfnadel
- Füllwatte

SCHWIERIGKEITSGRAD

Für Fortgeschrittene

GRUNDFORM

3 Mütze mit Perlmusterrand

ANLEITUNG

Eine Mütze nach der Grundform Mütze mit Perlmusterrand in Neonorange str.

WEISSES AUGE

1. Rd: In Mosaikblau einen Lm-Ring aus 4 Lm arb und mit 1 Km zur Rd schließen.

2. Rd: Mit 6 fM umhäkeln, 1 Km, abm.

3. Rd: In Brilliantweiß in jede M 2 fM häkeln (= 12 M).

4. Rd: fM, jede 2. M verdoppeln (= 18 M).

5. Rd: fM, jede 3. M verdoppeln (= 24 M), 1 Km, abm.

In Schwarz eine Pupille in die Mitte einknoten oder einnähen und das Auge ca. 5 cm unterhalb der Mitte mit Schwarz im Plattstich auf die Mütze nähen.

BLAUES AUGE

1. Rd: In Schwarz einen Lm-Ring aus 5 Lm arbeiten und mit 1 Km schließen.

2. Rd: Mit 10 fM umhäkeln, 1 Km, abm.

3. Rd: In Mosaikblau in jede M 2 fM (= 20 M).

4. Rd: 1 fM, jede 3. M verdoppeln (= 26 M), 1 Km, abm.

In Brilliantweiß mit 4 Stichen eine Pupille in Form eines Sternes mittig gekreuzt aufsticken.

Das Auge in Brilliantweiß im großzügigem Plattstich (ca 1-2 cm unterschiedlich lange Stiche) neben das linke Auge, etwas tiefer sitzend, auf die Mütze nähen.

MUND

In Schwarz einen kleinen lachenden Mund mit etwa 7 Stichen hin und zurück einsticken.

HORN

1. Rd: Oben mittig 10 fM in Neonorange in die Mütze rund einhäkeln, sodass ein Ring mit ca. 3 cm Durchmesser entsteht.

2.–6.Rd: fM häkeln.

7.–9. Rd: Jede 2. M zus häkeln, eine Spitze entsteht.

Vor dem zus häkeln der letzten M mit Füllwatte füllen, abm.

ANTENNEN AUF DEM HORN

Links und rechts auf das Horn in Mosaikblau je 1 fM einhäkeln, 8 Lm, 2 Wm, fM zurückhäkeln, abm.

An das Ende der Antennen zwei Fäden in Brilliantweiß einknüpfen, verknoten und auf 2 cm abschneiden.

TIPP:

Wenn man die Augen mit unterschiedlich langen Stichen aufnäht, entstehen „Wimpern".

MR. GLUPSCH

MATERIAL

- Schachenmayr original Boston in Schoko, 100 g, Mosaikblau, 50 g, Schwarz und Brilliantweiß, Reste
- Nadelspiel 5,0 mm, 6,0 mm und 7,0 mm
- Häkelnadel 4,5 mm
- Stopfnadel
- Füllwatte

SCHWIERIGKEITSGRAD

Für Könner

GRUNDFORM

① Astronautenmütze

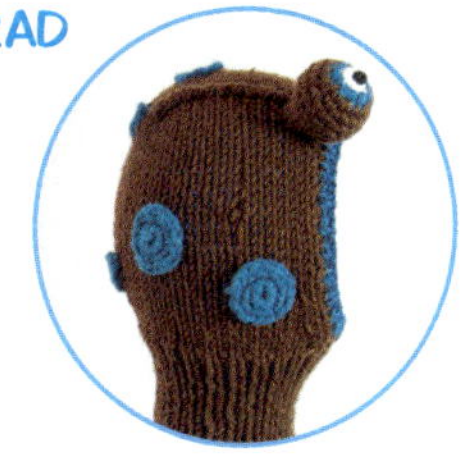

ANLEITUNG

Eine Mütze nach der Grundform Astronautenmütze in Schoko mit Mosaikblau als Kontrastfarbe str.

AUGEN (2X HÄKELN)

1. Rd: In Brilliantweiß einen Lm-Ring aus 4 Lm häkeln und mit 1 Km schließen.

2. Rd: Mit 6 fM umhäkeln, 1 Km, abm. Farbwechsel zu Mosaikblau.

3. Rd: In Mosaikblau in jede M 2 fM (= 12 M), 1 Km, abm. Farbwechsel zu Schoko.

4. Rd: In Schoko fM, in jede 2. M 2 fM (=18 M).

5.–7. Rd: fM häkeln.

8. Rd: fM, immer 2 M zus häkeln (= 9 M).

9.–10. Rd: fM, abm, Faden lang abschneiden.

In Schwarz eine kleine Pupille mittig ins Auge einnähen oder knoten. Augen mit Füllwatte stopfen und links und rechts vorne auf Höhe des Mittelkopfstreifens an die Mütze nähen. Bei Bedarf vorne unten zusätzlich fixieren, damit sie nicht kippen.

KLEINE KREISE (2X IN MOSAIKBLAU)

1. Rd: In Mosaikblau einen Lm-Ring aus 4 Lm arb und mit 1 Km schließen.

2. Rd: Mit 7 fM umhäkeln, 1 Km, abm.

GROSSE KREISE (5X IN MOSAIKBLAU)

1. Rd: In Mosaikblau Lm-Ring aus 4 Lm arbeiten und mit 1 Km schließen.

2. Rd: Mit 7 fM umhäkeln, 1 Km.

3. Rd: Je 2 fM in 1 M häkeln (= 14 M), 1 Km, abm.

Kreise gleichmäßig auf der Mütze verteilen und annähen.

SUNNY SLIMY

MATERIAL

- Schachenmayr original Boston in Jade meliert, 100 g, Natur und Schwarz, Reste
- Nadelspiel 5,0 mm und 7,0 mm
- Häkelnadel 4,5 mm
- Stopfnadel
- Füllwatte

SCHWIERIGKEITSGRAD

Für Anfänger

GRUNDFORM

2

Mütze mit Perlmusterrand

ANLEITUNG

Eine Mütze nach der Grundform Mütze mit Perlmusterrand in Jade meliert str.

AUGEN (2X HÄKELN)

1. Rd: In Schwarz einen Lm-Ring aus 4 Lm arb und mit 1 Km schließen.

2. Rd: Mit 7 fM umhäkeln, 1 Km, abm. Farbwechsel zu Jade meliert.

3. Rd: In Jade meliert in jede M 2 fM (= 14 M), 1 Km, abm. Farbwechsel zu Natur.

4. Rd: In Natur fM, jede 2. M verdoppeln (= 21 M).

5. Rd: fM, jede 3. M verdoppeln (= 28 M), 1 Km, Faden lang abschneiden.

Alle Fäden vernähen, mit dem langen Faden in Natur die beiden Augen vorne mittig versetzt auf die Mütze aufnähen.

Das linke Auge sitzt etwas tiefer, etwa 4 cm oberhalb des Bündchens.

MUND

Der Mund wird in Schwarz mit 8 Stichen (je 1–2 cm lang) in beide Richtungen im Plattstich im Zickzack auf die Mütze unterhalb der Augen gestickt.

ZAHN

Unterhalb der Mundlinie in Natur im Plattstich einen kleiner Zahn aufsticken.

HÖRNCHEN (2X IN JADE MELIERT)

1. Rd: Einen Lm-Ring aus 4 Lm arb und mit 1 Km schließen.

2. Rd: Mit 6 fM umhäkeln.

3. Rd: In jede M 2 fM (= 12 M).

4.–7. Rd: fM, abm.

Die Hörnchen mit Füllwatte ausstopfen und oben 2 cm links und rechts der Mitte mit verbleibendem Faden auf die Mütze nähen.

TIPP:

Hier kann kreativ werden! Je nach Stichart- und Ausprägung verändert sich der Gesichtsausdruck.

WOLLI WARZERUS

MATERIAL

- Schachenmayr original Boston in Flaschengrün, 100 g, Neongelb, 50 g und Schwarz, Rest
- Nadelspiel 5,0 mm, 6,0 mm und 7,0 mm
- Häkelnadel 4,5 mm
- Stopfnadel
- Füllwatte

SCHWIERIGKEITSGRAD
Für Könner

GRUNDFORM
1 Astronautenmütze

ANLEITUNG

Eine Mütze nach der Grundform Astronautenmütze in Flaschengrün mit Neongelb als Kontrastfarbe str.

Zusätzlich im Bereich der glatt rechts gestr M über die folgenden M Noppen einarbeiten:

3. R: In die 6. M, die mittlere M und die 6. letzte M je eine Noppe einarbeiten.

9. R: In die 12. und 12. letzte M je eine Noppe einarbeiten.

15. R: In die 5. M, die mittlere M und die 5. letzte M je eine Noppe einarbeiten.

21. R: In die 12. und 12. letzte M je eine Noppe einarbeiten.

Eine weitere Noppe im Bereich der verkürzten R am Oberkopf nach ca. 8 cm in die mittlere M arb.

NOPPEN

Aus einer rechten M 8 M heraus str, dabei abwechselnd von vorne und von hinten in die Masche einstechen. Arbeit wenden, über die 8 M links str, wenden, 8 M rechts str, wenden, 8 M links str, wenden und in der folgenden Hinr alle M zu einer M rechts zus str.

AUGEN (2X HÄKELN)

1. Rd: In Schwarz einen Lm-Ring aus 4 Lm arbeiten und mit 1 Km schließen.

2. Rd: Mit 6 fM umhäkeln.

3. Rd: Jede M verdoppeln (= 12 M), 1 Km, abm.

4. Rd: In Neongelb fM häkeln und jede 2. M verdoppeln (= 18 M), 1 Km, abm. Farbwechsel zu Flaschengrün.

5. Rd: In Flaschengrün fM häkeln und jede 3. M verdoppeln (= 24 M).

6. Rd: 24 fM, 1 Km, abm.

Das Auge wölbt sich leicht.

Augen oben vorne links und rechts über dem Bündchen in Neongelb auf die Mütze nähen. Vor den letzten Stichen mit Füllwatte füllen.

SCHRECKO DREIAUGE

MATERIAL

- Schachenmayr original Boston in Indigo,100 g, Brilliantweiß, Neonorange, Neongrün, Neongelb und Schwarz, Reste
- Nadelspiel 6,0 mm
- Häkelnadel 4,5 mm und 2,5 mm
- Stopfnadel
- Füllwatte

SCHWIERIGKEITSGRAD

Für Anfänger

GRUNDFORM

Rippenmütze

ANLEITUNG

Eine Mütze nach der Grundform Rippenmütze in Indigo str.

AUGEN (3X HÄKELN)

3x mit Häkelnd 4,5 mm häkeln, dabei für die 1. und 2. Rd jeweils unterschiedliche Farben (hinter dem Schrägstrich) wählen.

1. Rd: In Neonorange/Neongrün/Neongelb einen Lm-Ring aus 4 Lm arb und mit 1 Km schließen.

2. Rd: Mit 7 fM umhäkeln, 1 Km, abm

3. Rd: In Brilliantweiß jede M verdoppeln (=14 M), 1 Km, abm. Farbwechsel zu Indigo.

4. Rd: In Indigo fM häkeln.

5. Rd: Je 2 M zus häkeln (=7 M).

6. Rd: Jede 2. M überspringen bis 4 M stehen bleiben.

7.–9. Rd: fM, 1 Km, abm, Faden lang abschneiden.

Alle Fäden nach innen ziehen oder vernähen.

Die 3 Augen mit etwas Füllwatte füllen und mit je 2 cm Abstand voneinander oben nebeneinander auf die Mütze nähen.

ZAHN

Einen Faden in Brillantweiß teilen (oder anderen dünnen Wollrest in Weiß wählen) und mit Nd 2,5 mm häkeln.

1. R: In Brilliantweiß 4 fM nebeneinander in eine Rippe an beliebiger Stelle der Mütze einhäkeln

2. R: 4 fM häkeln.

3. R: 1 M überspringen, 3 fM.

4. R: 1 M überspringen, 2 fM.

5. R: 1 M überspringen, 1 fM, abm.

Faden vernähen.

TIPP:
Die Anzahl der Zähne nach Belieben häkeln, auch ohne Zähne wirkt die Mütze!

DIE AUTORINNEN

Helgrid van Impelen, Modedesignerin und Bekleidungsingenieurin und **Verena Woehlk Appel**, Fachwirtin für Visual Merchandising, wissen aus eigener Erfahrung, was Kids gerne auf den Köpfen tragen und setzen es mit der richtigen Portion Kreativität, Fachwisssen und Augenzwinkern um.

Neben Monstermützenbüchern gestalten sie aber auch noch andere kreative Projekte, die Sie sich gerne auf ihrer Facebookseite **www.facebook/nadelyoga.de** oder der Internetseite **www.verena-woehlk.de** anschauen können.

DANKE!

Danke! an unsere coolen Models **Jost, Nils, Nina, Enno und Marla,** die endlich mal ungestraft einem Erwachsenem die Zunge rausstrecken durften und so viele Grimassen schneiden konnten, wie ihnen einfielen, **Petra** für den Model-Shuttle und unseren Fotografen **Volker Rebhan**, der zu unserer Ungeduld geduldig noch mehr und noch mehr und noch mehr Bilder machte.

IMPRESSUM

Bibliografische Information der Deutschen Bibliothek.

Die Deutsche Bibliothek verzeichnet diese Publikation in der deutschen Nationalbibliografie. Detaillierte bibliografische Daten sind im Internet über http://www.d-nb.de/ abrufbar.

EIN BUCH DER EDITION MICHAEL FISCHER

1. Auflage 2015

Covergestaltung, Layout und Satz: John Curran
Produktmanagement und Lektorat: Anna Zwicklbauer
Fotos: Volker Rebhan, München

ISBN 978-3-86355-397-5

www.emf-verlag.de

Printed in Slovakia